O SAL DA VIDA

Françoise Héritier
O SAL DA VIDA

Tradução
Maria Alice A. de Sampaio Dória

valentina
Rio de Janeiro, 2024
8ª edição

Copyright © 2012 *by* Odile Jacob

TÍTULO ORIGINAL
Le Sel de la Vie

CAPA
Rodrigo Rodrigues

FOTO DE CAPA
Darren Wong/Getty Images

FOTO DA AUTORA
DRFP

DIAGRAMAÇÃO
Abreu's System

Impresso no Brasil
Printed in Brazil
2024

CATALOGAÇÃO NA PUBLICAÇÃO
Bibliotecária: Flávia L. B. Ranna Castainça CRB-7 6117

H548s	Héritier, Françoise
8. ed.	O sal da vida / Françoise Héritier; tradução de Maria Alice A. de Sampaio Dória. – 8. ed. – Rio de Janeiro: Valentina, 2024. 108p. : 21 cm
	Tradução de: Le sel de la vie ISBN 978-85-65859-15-8
	1. Héritier, Françoise. 2. Antropólogos – França – Biografia. 3. Antropólogas – França – Biografia. I. Título
	CDD: 923

Todos os livros da Editora Valentina estão em conformidade com
o novo Acordo Ortográfico da Língua Portuguesa.

Todos os direitos desta edição reservados à

EDITORA VALENTINA
Rua Santa Clara 50/1107 – Copacabana
Rio de Janeiro – 22041-012
Tel/Fax: (21) 3208-8777
www.editoravalentina.com.br

Apresentação

O texto que se segue poderá surpreender aqueles que me conhecem por intermédio das obras antropológicas. Com muita humildade, declaro o que ele é: uma "fantasia", nascida com o correr da pena e da inspiração, e que tem uma história. Num belo dia de verão, se assim posso dizer, pois fazia um mau tempo, recebi um cartão-postal da Escócia. Alguém de quem gosto demais, o professor Jean-Charles Piette, "Monsieur Piette", como eu o chamo intimamente, mandava-me algumas palavras da ilha de Skye. O cartão começava assim: "Uma semana *roubada* de férias na Escócia."

★ ★ ★

Não posso deixar de explicar que, ilustre clínico geral, professor de clínica médica do Hôpital de La Pitié, adorado pelos pacientes, dos quais sou uma há trinta anos, Jean-Charles Piette vive exclusivamente para os seus doentes e o trabalho. Sempre o vi à beira do esgotamento físico e mental, consagrando muitas horas a cada paciente, capaz de acompanhar o último do dia até em casa porque o fez esperar demais ou ir buscar um deles na estação (agiu assim comigo certa vez), capaz de loucas generosidades e de atos impulsivos igualmente loucos. E eis que o termo, uma semana "roubada", saltou diante dos meus olhos. Quem estava roubando o quê? Ele estava roubando um pouco de descanso de um mundo ao qual devia tudo ou, ao contrário, não era mais dono da própria vida e deixava que o entourage devorador, o trabalho obcecante, as múltiplas responsabilidades

O Que Faz a Vida... Valer a Pena

esmagadoras tomassem posse dela? *Nós* roubáva-mos a sua vida. Ele roubava a própria vida.

Então, comecei a lhe responder neste sentido: o senhor escamoteia todos os dias o que gera o sal da vida. E qual o benefício, senão a culpa de nunca ter feito o suficiente? No início, fornecendo algumas grandes pistas, acabei gostando do jogo e me interroguei seriamente sobre o que era, o que havia sido e o que continuaria a ser, de fato, o sal da minha vida.

Portanto, o que se segue é uma enumeração, uma simples lista, numa única grande frase, que me veio assim, só, intermitente, como um longo monólogo murmurado. Trata-se de sensações, percepções, emoções, pequenos prazeres, grandes alegrias, às vezes profundas desilusões e mesmo dores, se bem que o meu espírito tenha se voltado mais para os momentos luminosos da existência do que para os momentos sombrios, pois eles existiram. Aos pequenos fatos bem gerais, cuja realidade qualquer um poderá experimentar algum dia (falo quase sempre de maneira neutra, isto é, segundo o uso, no masculino), fui misturando, progressivamente, lembranças particulares, duradouras, fixadas para sempre em fortes imagens mentais, instantâneos deslumbrantes, cuja experiência pode ser, acredito, transmitida em algumas palavras. O resultado é uma espécie de poema em prosa em homenagem à vida.

Penso ter levado, é verdade, uma vida isenta de grandes tormentos. Tive a sorte de exercer uma profissão de questionamentos intelectuais que dão um realce à existência e, ao cotidiano, um toque de encanto extraordinariamente raro. Sempre senti muito prazer em trabalhar e continuo a senti-lo. Tive a sorte de não conhecer a miséria nem passar por grandes dificuldades para simplesmente sobreviver, como milhões de seres humanos. As minhas palavras poderão, portanto,

O Que Faz a Vida... Valer a Pena

parecer um discurso hedonista de uma vida privilegiada. Contudo, arrisco-me a crer que, ao falar do que é experimentado puramente pelos sentidos, essas palavras representem a vivência concreta de todos os seres humanos.

O leitor sentirá a defasagem do tempo. Nasci antes da Segunda Guerra Mundial, que muito me atingiu sem que eu sofresse gravemente, pois, ao contrário, ela me permitiu conhecer, durante umas longas férias na região de Auvergne, hoje o Parque Natural Livradois, a população rural e um modo de vida desaparecidos. Minhas estadas na África aparecerão em filigrana. A experiência da doença também. E sempre os encontros, o insólito, o olhar atento dirigido à natureza, ao que ela produz, aos animais, aos ruídos, aos sons, às luzes e às sombras, aos aromas, aos sabores... E, sobretudo, aos outros.

★ ★ ★

Aqui não se encontrará, ou talvez raramente, aberturas sobre a minha vida privada. Tampouco sobre os prazeres da vida intelectual, da pesquisa, da escrita, prazeres estes, no entanto, intensos. Igualmente, nada direi sobre amores, que tiveram o seu lugar na minha vida, como ocupam, suponho, um lugar todo especial na vida dos leitores. Essa não é a minha proposta. Qual será ela, então?

Existe, sim, uma forma de leveza e de graça no simples fato de existir, que vai além das ocupações profissionais, além dos sentimentos poderosos, além dos engajamentos políticos e de todos os gêneros, e foi unicamente sobre isso que eu quis falar. Sobre esse pequeno *plus* que nos é dado a todos:

13 de agosto

Fiquei radiante ao receber ontem o seu cartão e em saber que tirou férias nesse belo lugar de sonhos. O senhor está bem no centro das brumas escocesas. No entanto, não "roubou" as suas férias, no sentido de espoliação ou de desfalque. Eu diria que é a sua própria vida que o senhor rouba diariamente.

Se nos basearmos na expectativa de vida, aqui na França, em média de 85 anos, ou seja, 31.025 dias, com, sempre em média e por alto, 8 horas de sono diário; 3h30 para as compras, o preparo das refeições, para comê-las, lavar a louça etc.; 1h30 para a higiene, os cuidados com o corpo, os tratamentos de saúde etc.; 3 horas para os serviços domésticos, cuidar das crianças, no transporte, as diversas providências a serem tomadas, os pormenores etc.; 140 horas de trabalho por mês em 45 anos, à razão de 6 horas por dia (sem levar em conta o prazer que possamos ter com ele); 1 hora por dia de compromissos sociais obrigatórios, conversas com os vizinhos, happy hours, congressos, seminários etc.; o que sobra ao cidadão comum, homem ou mulher, para as atividades que constituem o sal da vida?

Os finais de semana prolongados, o teatro, o cinema, a ópera, os concertos, as exposições, a leitura, a música – que ouvimos ou executamos –, as artes diversas que praticamos, o passeio sem destino, as excursões, as viagens, a jardinagem, as visitas aos amigos, a doce ociosidade, a escrita, a criação, o devaneio, a reflexão, o esporte (todos os esportes), os jogos de salão e tabuleiro, o jogo

O Que Faz a Vida... Valer a Pena

simplesmente, as palavras cruzadas, o descanso, a conversa, a amizade, o flerte, o amor e, por que não, os prazeres que nos dão sentimento de culpa? E olhe que eu nem falei de sexo. Vamos lá, aposto mil contra um que o senhor não adivinha: resta, apenas, para tudo isso, 1h30 por dia durante o período considerado economicamente ativo da vida, e de 5 a 6 horas antes ou depois dessa fase.

E aí está o senhor prolongando o seu tempo de trabalho, tomando-o de todos os outros tempos e pondo de lado todas essas coisas agradabilíssimas às quais aspira o mais profundo do nosso ser.

13 de agosto, algumas horas depois

Omiti muitas coisas na lista do que é o sal da vida. Portanto, vou continuar seguindo o método dos surrealistas: associação de ideias e deixar que venham livremente à memória. Tudo isso pode lhe parecer hedonista – pois deixei de lado os refinamentos do prazer intelectual ou do que sentimos nos engajamentos – e muito pouco sério, mesmo que eu não fale de sexo. No entanto, trata-se de coisas seriíssimas e demasiado necessárias para conservar o "gosto", o "sabor" da vida: refiro-me aos frêmitos íntimos que os pequenos prazeres provocam, às interrogações e mesmo às decepções, se as deixamos acontecer. Vou continuar.

O Que Faz a Vida... Valer a Pena

★ ★ ★

...esqueci as risadas descontroladas, o papo-furado por horas ao telefone, as cartas manuscritas, as refeições em família (bem, não todas) ou com amigos, as cervejas tomadas no balcão, as taças de vinho tinto e as de vinho branco, o café ao sol, a sesta à sombra, saborear ostras à beira-mar ou cerejas direto do pé, os gritos, sustos e descontroles que provocam gargalhadas, as coleções de qualquer coisa (pedrinhas, borboletas, caixas ou latinhas), a beatitude das tardes frescas de outono, os poentes, ficar acordado à noite enquanto todos dormem, procurar lembrar a letra dos sucessos de antigamente, a busca por odores e sabores, ler o jornal em paz, folhear álbuns de fotografias, brincar com o gato, construir uma casa imaginária, pôr uma bela mesa, dar uma lenta e profunda tragada no cigarro, manter um diário, dançar (ah, dançar!), sair e se divertir, ir a um baile de gala, fazer contagem regressiva de Ano-Novo como milhões de outras pessoas, refestelar-se num sofá, passear pelas ruas olhando as vitrines, experimentar sapatos, bancar o palhaço e fazer imitações, explorar uma cidade desconhecida, jogar futebol (de botão também) ou mexe-mexe ou dominó, criar jogos de palavras ou inventar trocadilhos, falar bobagens, preparar um prato complicado, pescar, fazer cooper, jogar boliche, ruminar uma ideia, assistir a um filme antigo na televisão ou num cineclube, assobiar com as mãos nos bolsos, não pensar em nada, precisar de momentos de silêncio e de solidão, correr debaixo de uma chuva quente, longas conversas na penumbra, beijinhos na nuca, o cheiro de croissant quentinho recém-saído do forno, trocar piscadelas de cumplicidade, o momento em que tudo fica quieto na natureza..., ouvir a gritaria alegre das crianças no recreio, entupir-se de sorvete de chocolate, saber que estamos agradando, quando nos olham e atentamente

O Que Faz a Vida... Valer a Pena

nos escutam, sentir-se disposto e ágil, dormir até o sono acabar, passear num barco de pesca, observar o trabalho de um artesão, parar para ouvir a lábia de um vendedor ambulante, admirar o espetáculo vivo do vaivém nas ruas, encontrar amigos que não vemos há muitos anos, ouvir verdadeiramente os outros...

Ainda esqueci muitas e muitas coisas.

E o senhor, do que sentiria mais falta se tudo isso desaparecesse para sempre da sua vida?

14 de agosto

Corro o risco de aborrecê-lo "à beça".

... ouvir religiosamente Mozart, os Beatles ou Astrud Gilberto, fazer um bate-volta até uma cidade somente para assistir à apresentação do seu cantor favorito, empanturrar-se de morangos, seguir pelos caminhos da costa num dia de muito vento, aguardar um eclipse ou a passagem noturna de uma bela coruja, quebrar a cabeça para saber o que vai agradar ao outro, andar descalço, ouvir as vozes que ecoam do mar, espreguiçar-se e bocejar, ao adentrar acender somente um abajurzinho ou a casa toda, estar aberto a aventuras amorosas e tecer elogios, pescar olhares que falam por mil

O Que Faz a Vida... Valer a Pena

palavras, dobrar o canto de uma página mesmo que isso não seja o melhor a se fazer, mandar por um tempo a educação às favas, ignorar a caixa de correspondências, caminhar de braços ou de mãos dadas, andar na contramão das ideias dominantes, segurar a porta para um senhorzinho todo elegante, enrolar-se como um tatu-bola, aspirar o ar fresco da manhã, admirar os galhos agitados pelo vento, acender uma lareira, entupir-se de salsicha e picles, ficar de olho no minuto (a cada vinte minutos, incluindo a hora exata) em que, sorrateiramente, passa um anjo, meter os pés pelas mãos, cometer uma gafe, sacudir os cabelos para todos os lados, sorrir para alguém que não está esperando, falar seriamente sobre um assunto banal e brincar com um assunto sério (mas não com qualquer pessoa!), não se deixar enganar pelo imbecil de plantão ou pelo senhor sabe-tudo, curtir, sem complexos, aquilo de que gostamos (o ronco dos motores dos carros de corrida, inclusive), ouvir a vida pulsar dentro de você, dormir de barriga para cima, cumprimentar com um aceno de mão como o detetive Columbo, subir uma escadaria correndo, chegar sem fôlego ao destino, chorar no cinema, manifestar publicamente suas emoções ou, ao contrário, manter uma calma olímpica, calar-admirar-ouvir, voltar a andar de bicicleta ou a tocar piano ou a praticar tiro com arco, usar, quando estiver apertado, os luxuosos banheiros de um cinco estrelas, instalar-se bem à vontade numa poltrona fofa e funda, organizar pequenos objetos disparatados, mergulhar as mãos na lama ou na espuma do sabão em pó, ouvir um realejo na rua (isso acabou), e o amolador de facas (isso também), tentar alcançar um amor (ou um amigo) na corrida, sentar ao lado de uma janela aberta, acordar num lugar que não reconhecemos, sentir o coração disparar, pesar os argumentos, avaliar o peso de um melão, rever um amigo de infância, relembrar recordações já enterradas

O Que Faz a Vida... Valer a Pena

("Meu Deus! É verdade!"), demorar para escolher uma coisa sem importância (e tomar decisões impulsivas diante de coisas importantes), acompanhar o voo de uma única andorinha no meio do bando, olhar, de cima, um gato que nem desconfia que está sendo observado, rir disfarçadamente, esperar o entardecer, regar as plantas e conversar com elas, apreciar o toque de um couro macio ou de um pêssego ou de um cabelo sedoso, estudar detalhadamente o plano de fundo da Mona Lisa ou as rendas de Van Dyck, ter um sobressalto de prazer ao som de uma voz, partir para uma aventura, ficar na penumbra sem fazer nada, provar com relutância gafanhotos grelhados, desfrutar o prazer das conversas sem fim com velhos amigos, imaginar e inventar belas histórias...

15 de agosto, 18h27

Sigo em frente, correndo o sério risco de aborrecê-lo, pois isto se tornará cada vez mais específico. Tenho a impressão de escavar margens que desmoronam. No fim das contas, estou lhe dando dicas para o dia em que, daqui a vinte anos, perguntarem como eu era.

... sussurrar ao telefone, marcar encontros com anos de antecedência, extasiar-se diante do porte de Robert Mitchum, do andar de Henry Fonda, do sorriso de Brad Pitt, da beleza romântica de Gene Tierney ou de Michelle Pfeiffer, da ingenuidade de Marilyn Monroe, da graça de Audrey

O Que Faz a Vida... Valer a Pena

Hepburn, saborear uma *coppa del nonno* em Florença, suspirar de satisfação, passear entre as araras de uma loja de departamentos, andar de jipe em estradas esburacadas, comer com as mãos e de cócoras diante do prato, compartilhar uma noz-de-cola ou uma barra de chocolate, sentir medo no cinema, ler romances policiais ou uma boa ficção científica, atacar, sem pudores, o pêssego mais bonito da fruteira, tirar com cuidado um molusco da concha, comer num autêntico restaurante de beira de estrada sobre uma toalha de mesa quadriculada, brindar com copos de cristal, assistir a uma boa partida de rugby, jogar bisca ou rami ou yam ou ludo ou dominó, sendo um craque, jogar mal se os amigos jogam mal, protestar veementemente por uma ninharia, recusar-se a lidar com pessoas irritadas (crianças, inclusive, e dar-se ao luxo de fazer careta para elas nas lojas), também se dar ao luxo de usar táxis reservados com antecedência e contemplar as filas de espera nos pontos (*suave, mari magno**...), ter um guarda-chuva quando precisamos dele e grande o suficiente para várias pessoas, andar num passo rápido, arrastar os pés nas folhas secas, sorrir ternamente diante da foto da sua avó, ouvir as corujas à noite e os grilos de manhãzinha, preparar um buquê de flores do campo, ver deslizar as nuvens, acompanhar com os olhos a corrida de uma lebre pela relva ou a de Jean-Louis Trintignant no porto de Nice, em *Sem Motivo Aparente*, tentar captar o momento em que adormecemos, sentir, morto de cansaço, o peso do corpo na cama, passar naquele concurso, dormir no ombro de alguém, participar da alegria popular, assistir a uma bela queima de fogos de artifício, ouvir Maria Callas ou o gemido do vento ou o crepitar do granizo,

---

* Expressão latina usada por Lucrécio significando que, em geral, ficamos satisfeitos quando nos sentimos livres dos perigos a que os outros estão expostos. (N.T.)

O Que Faz a Vida... Valer a Pena

ficar hipnotizado pelo fogo, comer um sanduíche na rua, andar na areia quente, bebericar, chacoalhar um molho de chaves, fazer xixi no mato, comover-se até as lágrimas, gritar de alegria ao ver um chute indefensável estufar a rede, acariciar e ser acariciado, beijar e ser beijado, abraçar e ser abraçado (com amor, cumplicidade, ternura), sentir-se pleno de energia, de entusiasmo, de paixão, sentir o coração saltar do peito, não ligar para a etiqueta, admirar a juventude, ter o olho maior do que a barriga, ficar deliciosamente assustado, desmaiar e, ao abrir os olhos, ver rostos amigos, deleitar-se em segredo com uma ideia, um projeto ou uma lembrança, fazer um pouso durante uma tempestade, à noite, numa pista de terra na África e sentir o cheiro quente e apimentado do solo africano, ver, à luz da lua, um casal de leões atravessar silenciosamente a estrada, surpreender os olhos de um animal com o farol do carro, conversar a noite inteira, desejar a felicidade à sua volta, abrir espaço nos armários, surpreender-se por ainda estar vivo, exultar ao encontrar, de repente, a solução de um problema que atazanava a paciência havia muito tempo, receber um presente que agrada em cheio ou um sinal de amizade ou um cartão-postal, repetir em coro árias populares, ter e guardar segredos, ter uma imaginação fértil, desfrutar de um clima agradável...

17 de agosto

E ainda...

... derreter-se diante do devastador autocontrole de Robert Redford no filme *Entre Dois Amores* ou da também devastadora insolência de Clark Gable em *E o Vento Levou*, escolher lentilhas, tirar uma pedra do sapato, nadar à noite, assistir a uma aurora boreal, dar cambalhotas e rolar na grama (isso faz tanto tempo!), encontrar um trevo-de-quatro-folhas, jogar paciência bem, reencontrar o paladar das receitas do passado, contar os passos entre as pedras da calçada, estar absorto na leitura de um livro no metrô e ser surpreendido pelo anúncio de sua estação, imaginar o que seria possível fazer de inusitado com um objeto, uma casa ou um lugar, escolher o pão com a casca bem crocante, catar hortaliças para os coelhos, regar um jardim florido, tricotar um cachecol felpudo, ver a cortina se abrir no teatro quando as luzes se apagam e o falatório termina, conseguir pegar, por um triz, o último salgadinho num coquetel, chorar ao ouvir *Winterreise*, de Schubert, ir em busca da nascente de um rio caudaloso, cumprimentar um desconhecido na rua, enganar-se de dia, de semana ou de mês num encontro, encontrar alguém depois de vinte anos como se nunca se houvessem separado, usar um perfume há muito esquecido, saber se fazer esquecer, divertir o público, erguer uma criança reclamando do seu peso, mas evitar aborrecê-la com perguntas idiotas, indagar-se onde se estava antes de nascer em vez de o que se tornará depois de morrer, amassar jornal, cortar figuras e fazer colagens, a emoção das decolagens e aterrissagens, olhar com cobiça

O Que Faz a Vida... Valer a Pena

os pratos servidos na mesa ao lado, observar as atitudes dos transeuntes e interpretá-las mesmo não sendo psicólogo, esperar alguém no terraço de um café, dizer a si mesmo que é preciso fazer ginástica, lembrar-se, às vezes, de inspirar profundamente, manusear um trombone, bater à mão uma maionese ou ovos nevados, descobrir uma deliciosa fruta exótica, lembrar-se da sua linguagem de criança ou de provérbios ou de conhecimentos adquiridos na infância, usar as palavras certas que surpreendem, beber quando se está morrendo de sede, nunca sentir vergonha de ser você mesmo...

18 de agosto

... ter uma conversa cheia de cumplicidade com um gato siamês ou com um cocker spaniel, bocejar sete vezes seguidas, ser o primeiro a perceber, ao longe, a flecha da torre da catedral, fazer um piquenique com tudo a que se tem direito, cantar *Stormy Weather* como Lena Horne ou *Over the Rainbow* como Judy Garland, tentar cantar *Mexico* como Luis Mariano e não conseguir dar os agudos, perder-se nos céus imensos de John Ford, sobrevoar a savana africana num monomotor, conseguir fazer uma pedra lisa ricochetear três vezes no espelho d'água, ferver de impaciência, sentir as papilas se contraírem com o gengibre, tocar nas narinas úmidas de um bezerrinho,

O Que Faz a Vida... Valer a Pena

encontrar cogumelos, colher mirtilos silvestres, catar conchas numa praia de águas cristalinas, contemplar a sua cozinha, quarto ou escritório reformados, revirar na boca palavras esquisitas (esgrouviado, antífona, mitridatismo, estrôncio, hápax...), passear de teleférico, ter um sobressalto na terceira campainha do teatro, brincar de esconde-esconde, ficar arrepiado e sentir os pelos eriçados, ganhar uma bugiganga numa rifa, sentir um pouco de medo, à noite, numa alameda margeada de árvores frondosas, tomar um bom banho de chuveiro, receber um cafuné, fechar as malas, pôr a chave na fechadura e partir para uma viagem, pescar lagostim com as mãos (eles estão acabando!), catar escargôs (eles também!), esticar-se numa espreguiçadeira, aguardar o carteiro, gritar para ouvir o eco, chutar uma pedra e assisti-la rolar morro abaixo, arrancar a casca do machucado do joelho sob o olhar desaprovador dos pais (tudo isso foi há tanto tempo...), tirar, pelo menos uma vez, 9 em matemática, imitar um sujeito tocando gaita (ou berimbau), dar a palavra final, construir uma maquete, terminar um imenso quebra-cabeça, ver de longe o monte Fuji ou o Kilimanjaro, ter vontade de visitar Burkina Faso, sorver as palavras de quem se ama, assistir a James Stewart num bom faroeste e ver serpentear na planície o trem que leva um Spencer Tracy estropiado, recuar de horror na poltrona ao assistir *Alien* ou *A Volta dos Mortos-Vivos*, admirar uma tamargueira, adormecer durante a ressonância magnética, consolar a enfermeira que não consegue encontrar a veia, achar o enfermeiro um "gato", levar uma bronca de um senhorzinho ao atravessar a rua com o bonequinho de pedestres vermelho, descansar as mãos nos bolsos, pular numa cama de molas (isso também faz muito tempo), desfolhar uma alcachofra, falar metaforicamente, garimpar e encontrar belos óculos de sol, sufocar com uma pimenta extremamente ardida, retorquir secamente se for preciso, domesticar um animal, perscrutar o horizonte em busca da ilha que só se vê quando vai chover, suar sangue em cima de um texto ou subindo uma pirambeira de bicicleta...

Dez horas depois

... ter um trabalho insano com algo que acabou não dando em nada, acender um fósforo, dar brilho nos cobres, cochilar numa conferência entediante, fazer palavras cruzadas de nível máximo, praguejar como um rabugento quando os objetos teimam em emperrar e, de preferência, aos piores palavrões, não ser enganado por atenções elogiosas e interesseiras, sucumbir à tentação da gula, subir nas torres de Notre-Dame e sonhar em visitar Machu Picchu, receber indiretamente a espuma das cataratas do Niágara, circundar um enorme baobá, tirar água de um poço com a força dos braços e sem polia, sentir-se protegido por um mosquiteiro, abrir um embrulho rasgando

O Que Faz a Vida... Valer a Pena

ferozmente o papel de presente (o que será que tem dentro?), ser curioso e ávido pelo amanhã, admirar um jegue teimoso ou uma vaca leiteira de 600 quilos, desabar na cama, exausto, com a certeza do dever cumprido, terminar de lavar uma grande quantidade de louça, subir o monte Menez-Hom, na Bretanha, num dia nublado; o Puy-de-Dôme, na região de Auvergne, num dia belíssimo; o Ventoux, na Provence, contra um vento frio; abrir o capô do carro, que solta fumaça, numa região desértica e isolada nos anos 1950, encontrar uma velha caixinha de joias com uma bela mica no seu interior, ter consciência da natureza fugaz das coisas e da necessidade de aproveitá-las, recitar com entonação uma fábula de La Fontaine, vencer a preguiça e o medo das mudanças, tomar uma cerveja num terraço, num belo fim de tarde, para abrir o apetite, estremecer ligeiramente de frio ao cair da noite, ser impermeável à perfídia de certas propostas, passar despercebido quando só os bonitões chamam a atenção, não achar bonito o Mister Músculos e sua barriga de tanquinho, arrastar uma cabra pelos chifres, receber o rosnado de uma gata siamesa ciumenta, reconhecer utensílios mas não saber para que servem, calar-se e só falar com conhecimento de causa, não se sentir obrigado a agir como a maioria, perguntar-se se gostaria da vida monacal, ter curiosidade por tudo, manter os olhos bem abertos, sentir com prazer o cheiro do feno recém-cortado ou o do sargaço, parar para aspirar o odor de maresia, atravessar um rio no lugar mais raso ou pulando de pedra em pedra, pôr bigodes na Mona Lisa (e rir disfarçadamente ao se lembrar da obra surrealista L.H.O.O.Q. de Marcel Duchamp), ficar tão quieto a ponto de enganar um passarinho, conseguir matar uma mosca com um só golpe como fez Obama, ouvir ao longe o murmurinho de uma cachoeira, soltar um berro ao entrar no carro e sentar no banco de couro quente de sol...

21 de agosto

... receber de presente uma galinha-d'angola ou qualquer outro animal que faça estardalhaço, ter muitas caixas, um sótão e um closet, ficar à beira de um precipício, imitar perfeitamente a voz, o andar e os trejeitos de pessoas famosas (ou animais), deitar em lençóis recém-trocados, contemplar com indulgência afrescos bucólicos do salão de baile de um palácio, fazer as unhas, levantar-se e dizer não, trabalhar com entusiasmo e afinco, rir com os humoristas Coluche e Desproges, com Chaplin e Keaton, ficar totalmente perplexo diante de certas "obras de arte", recusar-se terminantemente a ter em casa alguns livros (preconceituosos ou xenofóbicos, por exemplo), sentir-se bem de corpo e alma, mesmo que fugazmente..., encontrar uma maneira criativa de substituir uma ferramenta, ainda conseguir listar as capitais de cada estado (hum! não tenho muita certeza se consigo), gargalhar diante da moda feminina dos anos 1930, mas amar a moda da Creta antiga, ver florescer os primeiros lírios, colher cosmos com amor, rastelar as folhas secas, traçar belas linhas, bem regulares, com um graveto, apreciar a qualidade do silêncio depois de uma orgia de barulhos, surpreender-se e emocionar-se ao encontrar testemunhos do passado, começar a leitura de um jornal pela última página, rir, de nervoso, das consequências malucas da sua própria dificuldade de se localizar no mapa, seguir de carro pela estrada antes ou depois do resto do grupo, ou na contramão, e ter a ilusão de onipotência, cozinhar um ovo numa imensa caçarola (como Keaton), ao menos uma vez não ter a resposta na ponta da língua...

24 de agosto

Será o fim?

... assoviar com uma folha de celofane entre os dedos, ouvir à noite, enfiado na cama, o toque de um carrilhão que aumenta o som a cada 15 minutos até completar 1 hora, admirar um cinematográfico "estouro da boiada" num faroeste, acariciar a pele suave e envelhecida das mãos de uma senhora bem idosa, chamar a mãe de "mãezinha", a filha de "meu tesouro", o marido de "coração" e sentir plenamente o acerto dessas denominações, jantar no pátio interno do *Bons Enfants*, apreciar uma história engraçada de rabino, cantar com Jean Gabin *Quand on s'promène au bord de l'eau*, ter uma boa pronúncia de um idioma estrangeiro, abrir uma carta com o coração disparado, presenciar um "casamento de viúva" (*what?* Oh, desculpe! quando chove num belo dia de sol), prever que choverá no dia seguinte pela posição dos raios do sol poente, chamar solenemente um adolescente de "Senhor", ouvir a voz doce de Rina Ketty cantando *J'attendrai* enquanto aguarda a volta do amado e a voz sensual de Mireille Mathieu em *Ce petit chemin*, ficar extasiado diante da cor exata, saltitar ouvindo Charles Trenet cantar, e olhar como Yves Montand as pernas de uma moça no balanço, chamar pelo primeiro nome e pela primeira vez, com um estremecimento interno, alguém que se venera e que lhe pediu que o fizesse, acordar em Paris com a música de Jacques Dutronc, lamber o prato naturalmente e sem culpa, sentar-se ao sol, em Roma, na *piazza* Navona, no mês de fevereiro, e comer uma salada de rúcula com uma taça de vinho de

O Que Faz a Vida... Valer a Pena

Orvieto, fazer refletir embaixo do queixo o amarelo dos crisântemos, comer as uvas colhidas diretamente da parreira da fachada de uma casa, ver grandes gotas de água de chuva se espatifarem no chão ou um imenso arco-íris ou uma luz longínqua na noite escura ou uma estrela cadente ou um satélite passar silenciosamente, ter um cofrinho, um objeto fetiche, um talismã, a cintura fina, surpreender um animal vigilante, sentir a densidade de um silêncio atento, tomar a palavra como se estivesse entrando numa arena, encontrar finalmente a palavra exata, esperar ansiosamente um telefonema, entristecer-se porque os seixos perdem as belas cores quando secam, sonhar em viver numa mansão de persianas verdes, situada no coração da floresta, admirar uma grande escadaria dotada de dois elegantes lanços de opulentas malvas-rosas ou um telhado de telhas envernizadas, cantar *a capella* e em uníssono, vibrar com o timbre de uma voz, perceber, de cara, semelhanças perturbadoras e agir com o recém-chegado como se o conhecesse há muito tempo, falar mentalmente consigo mesmo, manter fielmente uma certa imagem daqueles que amamos, receber as provas de seu novo livro, comer favos de mel selvagem recolhidos por fumigação, morder um rabanete, fazer compotas de maçã e tortas de massa podre, beber sidra gelada na xícara, dormir a céu aberto, admirar o trabalho noturno dos cupins nos rodapés de uma cabana, beber, na cabaça, cerveja quente de sorgo ao dar uma passadinha na casa do vizinho, fazer uma longa viagem de carro sem furar um pneu, entrever, no final do corredor, o andar apressado como o de uma garça e um pedaço do jaleco branco do médico-chefe que é esperado no seu setor do hospital e se sentir reconfortado, repleto de alegria e bem-estar, gostar de tudo do lugar onde se mora (até do desconforto), puxar conversa com facilidade, assumir suas aversões, guardar as vacas no curral, beber vinho

O Que Faz a Vida... Valer a Pena

direto do tonel, observar as mãos experientes do seu médico que sabe identificar a doença com as pontas dos dedos, contar ingenuamente uma piada e só se dar conta de quanto ela é boa ao ouvir a risada dos outros, descer, de carro, uma vez só, a maior ladeira da cidade ignorando os cruzamentos, passar um dia inteiro no salão de beleza...

2 de setembro

É viciante, preciso continuar.

...petrificar diante de uma serpente mamba-negra, adorar o Dr. House ou a morena gótica de maria-chiquinha do seriado *NCIS Investigações Criminais* ou a personagem *Ally McBeal*, pular corda com duas amigas, girando cada vez mais rápido (isso foi na pré-história...), deleitar-se com um Gin Fizz com açúcar na borda do copo ou com um Campari Soda, comer pistaches ou castanhas-de-caju compulsivamente, molhar uma pedra de açúcar na xícara de café do vizinho, raspar com a colher o açúcar que restou no fundo da xícara, sobreviver ao ataque de um enxame de abelhas

O Que Faz a Vida... Valer a Pena

africanas, sentir o cheiro forte do asfalto quente ou o odor levemente enjoativo da fabricação de manteiga de karité, evitar, esportivamente, os buracos enquanto dirige, imaginar o que está embaixo das saias de crinolina, fazer um inventário mental de todos os tipos de tangas masculinas, já conseguir se levantar sozinho da cama do hospital, receber a notícia de que aquele que esperamos está a caminho, ver do alto de uma encosta a paisagem que se abre como uma corola, sentir a terra girar debaixo dos pés ao olhar as nuvens..., calcular o tempo entre o raio e o trovão, esquadrinhar a escuridão e ver formas estranhas como lâmias, fazer com que acreditem que sabemos ler as borras de café, tentar, em vão, embaralhar as cartas da maneira correta, voltar triunfante do curso de culinária por ter aprendido a fazer *rémoulade* de aipo e entupir a família com esse prato por dias a fio, lembrar-se, depois de engolir a vergonha, das gafes cometidas, ter ido à missa do galo, à meia-noite, em Saint-Augustin, em Paris, deslizando sobre o piso, ainda de madeira, da rue du Général-Foy, ter sido exímio no lançamento de peso e nulo em outros esportes, ter procurado identificar quem merecia tamanhos parabéns do decano da universidade antes de compreender que se tratava de você mesmo, usar um lindo vestido vermelho no casamento de um amigo, filho de um embaixador da ex-URSS, com uma famosa romancista (saudades), subir ladeiras de bicicleta a toda como Gino Bartali no Tour de France, mas ter cautela na descida, rir nos carrinhos de bate-bate mesmo detestando o brinquedo, ir a um baile gratuito, ao ar livre, com um único acordeonista e um baterista, valsar maravilhosamente, mas também gostar de java, de rumba, de paso doble, de tango e até de rock (sim, eu dancei!), passar uma noite em claro para terminar um romance, passar uma noite em claro para velar o primeiro morto da família (a mãe da mãe da sua

O Que Faz a Vida... Valer a Pena

mãe), passar uma noite em claro ao lado do seu bebê, ouvir uma curta ária de Mozart que todas as vezes lhe toca o coração, cair de um estrado na frente de cem pessoas e levantar-se como se nada tivesse acontecido, brincar de retrato chinês: "Se eu fosse...", andar de pedalinho, passar a mão nas dormideiras e assisti-las tirar um cochilo, colher com cuidado as flores dos cactos, acariciar um porco-espinho domesticado, ter um carneiro de estimação chamado Pedro, assistir à briga (ela sempre vence) da gata Petite Demoiselle com um rato num celeiro, comer, no mesmo dia, numa cidadezinha do interior: uma fatia de broa de centeio quentinha, batatas (como diz o ditado, "aos perdedores!") cozidas num grande caldeirão com manteiga caseira derretida, pudim de leite da bisa, lembrar-se de um programa radiofônico, ter conhecido ex-combatentes de guerra, esconder refugiados no porão, ter sobrevivido aos bombardeios, ter gostado do cheiro de açúcar mascavo que emanava das compoteiras e dos bolos, ter assistido à grande reunião da esquerda francesa na porta de Versailles com François Miterrand, Georges Marchais e Robert Fabre, ter ouvido falar a primeira vez a respeito do Maio de 68 por meio de um radinho de pilha, sintonizado a duras penas, ter reagido violentamente diante da opulência das nossas ruas comerciais ao voltar de uma viagem ao interior da África, ter participado de reuniões clandestinas contra uma ditadura, guardar tudo o que lhe foi dado, dar gentilmente informações a turistas e pessoas perdidas mesmo que tenha de se atrasar, escrever à mão, ficar obcecado com um futuro encontro ou com um ponto específico de um argumento que ainda precise ser esclarecido ou com a melhor forma de expor uma ideia, preparar um chá, organizar um jantar de improviso, voltar a si depois de um coma numa UTI e pensar rapidamente "ufa, essa foi por pouco", ficar feliz quando o filho está feliz, ser uma

O Que Faz a Vida... Valer a Pena

esponja de sentimentos, sentir tudo intensamente mas evitar demonstrar..., não ter mais dor de dente (aliás, não ter mais dor em lugar algum), fazer ranger uma porta ou um degrau ou correr as unhas por um quadro-negro, representar tudo claramente na imaginação, gostar de uma foto, nada boa, da mãe com roupa de ciclista, posando para o jornal de bairro ao lado da bicicleta há mais de 60 anos, sentir-se incapaz de uma façanha igual, sempre duvidar das próprias capacidades e se preocupar com a veracidade das palavras elogiosas recebidas (como fomos bem treinados para a modéstia!), saber que se é de Escorpião com ascendente em Câncer e ler no jornal, pasmo, como seu horóscopo acertou na mosca, irritar-se com os entretítulos ardilosos dos jornais em entrevistas que lhes damos, pôr, satisfeito, moedas num potinho para não ser pego desprevenido, ainda fazer "racionamentos" com medo de faltar alguma coisa, ficar ansioso quando o ponteiro da gasolina já está no vermelho e não há sombra de posto por perto, e com o fato de precisar achar um hotel antes do anoitecer sobretudo com as crianças no carro, esperar a filha na saída da escola ou preparar a sua lancheira, trocar com ela cartas com desenhos desajeitados de ambas as partes, brincar de Bela Adormecida, rir diante da propaganda de um desengordurante (só no anúncio a gordura desaparece como mágica), não conseguir se lembrar, por nada, de histórias engraçadas, confiar no irmão e nunca discutir com ele, evitar ser "enfadonho" sem renunciar à própria opinião, odiar o tom autoritário, as maneiras bruscas, grosseiras, ofensivas, o olhar desdenhoso, a falta de consideração para com os outros que encontramos naqueles que se acham superiores por uma razão qualquer, falar e se comportar da mesma maneira, no mesmo tom e na mesma linguagem com todas as pessoas, considerar que a palavra "gentileza" remete a uma grande virtude, não dar as costas para

O Que Faz a Vida... Valer a Pena

a desgraça alheia, manter a amizade como um compromisso, ficar absorvido na contemplação do trabalho de um formigueiro, andar no mato abrindo caminho entre os gafanhotos, imaginar onde dormem os miquinhos urbanos, ainda ter uma enorme chave para o portão do jardim, deixar crescer ervas daninhas entre as pedras do terraço, não dispensar a trepadeira capuchinha no jardim, deixar uma joaninha passear pelo seu dedo, vigiar o leite no fogo e retirá-lo no momento exato, fazer uma mousse de chocolate seguindo a antiga receita da vovó (com bastante manteiga), ter saudades do ovo poché ao molho de vinho tinto, ficar ingenuamente embasbacado diante de passes de mágica, ficar maravilhado com um belo espetáculo ou subjugado por um discurso eloquente...

4 de setembro

... ser convidado por um grupo de amigos fraternos para uma casa de campo e, lá, descobrir o oceano logo abaixo e, mais além, o jardim do pároco com o pomar e as flores de antigamente, achar admirável o bigode à Vercingetorix do excêntrico tio-avô Josefino e a voz rouca do velho primo Pierre, que sofreu a ação dos gases na Primeira Guerra, parecida com a do historiador Henri-Iréneé Marrou, saborear um café (com leite para aqueles que gostam) com biscoitos, divididos igualmente com os cachorros e os gatos do sítio da prima Nini, sentados comportadamente nos bancos em volta da grande mesa comunitária, ler Henri Pourrat que situa em L'Imberdis os

O Que Faz a Vida... Valer a Pena

antros de feiticeiros, gostar de Alexandre Vialatte e de suas crônicas espirituosas, espreguiçar-se demoradamente, pôr as mãos atrás da cabeça e os pés na mesa de centro (infelizmente não é possível colocá-los na mesa do escritório como nos bons e velhos filmes americanos), ter a esperança de conseguir, algum dia, acender um fósforo na sola do sapato ou segurar metafisicamente um revólver como Humphrey Bogart, rever *Butch Cassidy e Sundance Kid, A Morte num Beijo, O Incrível Homem que Encolheu, Vendaval na Jamaica, Os Vivos e os Mortos*, ter acompanhado, religiosamente às 17 horas, um programa na AM, apavorar-se com deadlines, folhear o catálogo da *Manufrance* estudando meticulosamente cada produto, cheirar um livro aos pouquinhos antes de retomá-lo, descobrir novas palavras (ah! que maravilha essa "procrastinação" meio suspeita e tardiamente conhecida!), chorar na frente da televisão quando um grande felino africano encontra um irmão ferido

53

de morte e o circunda, rugindo, enquanto o ferido o segue com os olhos e geme como uma criança..., aguardar o momento em que o urso se ergue, gigante, no filme de Jean-Jacques Annaud diante de um Tchéky Karyo impotente, paralisado de medo, descobrir estupefato Leonardo DiCaprio interpretando um adolescente débil, de riso nervoso, que sonha subir no alto de uma caixa d'água, ou Robert De Niro falando sozinho no seu pequeno quarto ("*you talkin' to me?*"), descer numa plataforma de metrô deserta, correr sob uma tempestade com trovões e se proteger às gargalhadas embaixo de uma marquise, saborear um caramelo feito como antigamente, atravessar uma floresta ou um enorme jardim público de acácias ou um deserto ou pântanos ou mangues ou um pequeno lago, interrogar-se sobre a forma ou as cores de uma flor de alcachofra ou de uma semente de eucalipto, tentar imaginar o trajeto percorrido pela voz que lhe chega de Sidney,

O Que Faz a Vida... Valer a Pena

ferver de impaciência quando os atrasos se acumulam (o despertador não tocou, não tem táxi no ponto, está tudo engarrafado...), apreciar o trabalho de um ferrador itinerante, ver os burros e as cabras passarem com seus sinos no pescoço ao voltarem do Jardim de Luxemburgo ou a Guarda Republicana a cavalo ou uma fila de carros antigos desfilando numa estrada do interior, colher amoras, escapar de um touro furioso ou de um ganso genioso ou de um competente cão de guarda, ver, com irritação, as vacas curiosas devorarem numa passada de língua os belos cogumelos que cobiçávamos, enrubescer e se odiar por isso, gostar com ternura de alguém que nem desconfia..., dividir o prato no restaurante, pedir um prato às cegas em outro país, lustrar um armário antigo, nunca se cansar de Miles Davis nem de Thelonius Monk, pôr no seu devido lugar um misógino usando apenas uma expressão facial, ter vertido, por pura bondade e inocência, água de flor de laranjeira no copo da avó materna, que se surpreendeu com o gosto estranho do vinho: "Eu lhe garanto, Asdrúbal (o genro), este vinho está realmente intragável!", pegar-se, surpreso, conversando ao telefone com desconhecidos, ouvir as avós falarem por longo tempo sobre a família, maravilhar-se diante das pinturas de Hokusai ou de imponentes caligrafias ou de azulejos portugueses ou de vestimentas rústicas, ter um cesto cheio de braceletes africanos...

6 de setembro

... ter medo de que apareça na sua calça branca uma intempestiva mancha escarlate, como contê-la e chegar em casa a tempo?, beber no gargalo ou entornar a bebida na boca, ter o pé varrido e se lembrar da crítica das avós: "Não deixa não, assim você não vai casar", arrumar as frutas numa cesta, estar num carro com vidros fumê e não poder ser visto pelo lado de fora, abrir uma garrafa usando um abridor de cepa de videira e fazer vibrar com força o "clop" que faz a rolha, catar vaga-lumes, reconhecer, fugazmente, num pedestre, o cheiro da água de colônia da sua avó, admirar os vestidos do filme *Pele de Asno*, sonhar ter pernas longas e delgadas ou o ar melancólico das madonas italianas com os bebês no colo ou ter a lourice artística e pálida de Tilda Swinton, ter querido cair morto no dia (há tempos) em que Claude Lévi-Strauss lhe perguntou *ex abrupto* se você tinha algo a dizer depois de uma conferência da qual não entendeu bulhufas, jurar a si mesmo não fazer com os outros o que não gostaria que fizessem com você, escolher cuidadosamente uma pulseira para uma amiga, confortar uma alma que sofre, ganhar um pote de marrom-glacê, ter visto Edwige Feuillère e Jean Marais, que poderia ter ficado ridículo num culote de camurça e suspensórios, mas que não ficou, em *Águia com Duas Cabeças*, de Cocteau, no Teatro Hébertot, ter colhido narcisos no interior da França, ter sentido o cheiro forte de um bode, ter contemplado durante horas as duas cromolitografias clássicas de *Idades da Vida*, ter ficado subjugada com a beleza do seu pai e suas mãos grandes, de dedos finos, aspirar profundamente e à vontade, de olhos fechados,

O Que Faz a Vida... Valer a Pena

o odor secreto de fumo e de mar no cabelo de alguém que se ama, fazer um belo traço azul nos cantos dos olhos, surpreender-se com as lágrimas de uma jovem que se diz muito emocionada por ter te conhecido, tentar tocar de surpresa os chifres de um escargô, dar uma batida com o cotovelo e tomar um choque, observar a bela e nova geração num grupo de adolescentes, extasiar-se diante da cor e da forma evanescente de uma flor de hibisco, devido às certezas categóricas que envolvem o número 40, achar que ter 40 anos é, talvez, ser mais velho do que ter 50 ou 60, ter uma ideia fixa, ficar com medo à toa por causa de uma falta de jeito ou de uma distração ou de um atraso ou do que vão falar, ser notado por alguém cuja aprovação lhe é importante, ficar contente feito uma criança com o que se acabou de fazer...

10 de setembro

... nunca ter lido alguns grandes autores, mas lembrar-se deliciado do primeiro livro de suspense lido na infância (naquela noite tive dificuldade de dormir!), ter vivido dois meses, durante a escarlatina do irmão e antes dos antibióticos, num pensionato para surdos-mudos e passado alguns anos com as freiras, gozar a solidão e se isolar quando há muita movimentação, desenhar um cavalo para uma criança e ela dizer que é um cachorro, dar vida aos mortos ao falar deles, ficar mentalmente injuriado com a sua própria pusilanimidade, sua preguiça, suas hesitações e incertezas, sua falta de perseverança, sua suscetibilidade, sua lentidão, sua gulodice, sua tendência a deixar tudo para o dia

O Que Faz a Vida... Valer a Pena

seguinte, seu medo de "incomodar" e muitos outros defeitos mais, ficar chocado com o adjetivo "desconfiado" usado por um amigo para explicar o doloroso fim de sua experiência afetiva e se perguntar como é possível viver sem confiança, ter experimentado, ao cessar a dor, um sentimento de felicidade absoluta que emocionava e quase chegava a fazer mal, conhecer alguém tão indiferente ao cotidiano que precise olhar pela janela quando lhe perguntamos por telefone se o dia está bonito ou se está chovendo, usar interiormente os julgamentos cruéis e as deliciosas expressões concisas da sua avó: uma cabotina, um pobre de espírito, um papalvo, uma língua de trapo, um fanfarrão, um ligeirinho, uma valentona, um balofo, uma virago, um sem jeito mandou lembranças, um come mortadela e arrota caviar, um bobo alegre, uma assanhada, um carne de pescoço, um pirralho impertinente, uma metida a sebo, uma jararaca, um traste, uma matraca-trica,

um chato de galochas, um sem pescoço, uma siri-
gaita, um duas caras, uma maria-mijona, uma
fiteira, um pé-rapado, um basbaque, um sassarica-
dor, que são testemunhos da sua moral e da sua
concepção de costumes!..., insurgir-se, também
interiormente, quando um adulto o coloca na
categoria dos avós – era só o que faltava! –, ficar
feliz por ter poucas rugas e se afligir por suas mal-
ditas cicatrizes, admirar os recém-nascidos, suas
mãos minúsculas, os olhos redondos e as bocas
bem-formadas pelas quais passarão o saber e o
amor, ir de vez em quando a um mercadão, gostar
de ir ao supermercado e à feira-livre, saber que o
peixe está fresco pelo olho, deliciar-se com as
pilhas de frutas, os pedaços de queijo Cantal,
a barraquinha de ervas, inventariar com deleite as
riquezas das lojas de quinquilharias, dos armari-
nhos e das passamanarias, vibrar de alegria à ideia
de fazer uma delicada surpresa, contar histórias,
ler em voz alta, ter amado quatro gatos: uma gata

O Que Faz a Vida... Valer a Pena

de Auvergne tímida, de pelo cinza, Roulette; uma siamesa intransigente e volúvel, Julieta; uma bretã tigrada espevitada, Mãezinha; e seu filhotinho Mitchum, um gato tigrado rosado e doce, de peito avantajado; não ter conseguido, depois de quarenta tortinhas de maçã, chocotones, palmiers e brioches, saciar uma cabra gulosa, Aglaé, e, quando criança (com a irmã e a prima) ter embebedado uma velha cabrita, bem xucra, com creme ao rum...

15 de setembro

... colecionar *Cahiers du Cinéma*, lamentar não ficar bem de chapéu, ter gostado de usar vermelho, depois preto e daí em diante bastante azul, ter soluçado em silêncio durante horas diante das "vírgulas" que caíam das torres no 11 de Setembro, adorar brinquedos antigos de montar, buscar sempre, embora em vão, o gosto das maçãs-reinetas ou dos damascos fatiados com uma gota de mel ou nectarinas ou groselhas espinhosas, usar sem culpa palavras e expressões que são ou invenções de família ou de uso estritamente local: não "patinhe" a minha cozinha porque acabei de passar o "trapo", esta casa é toda "mal-ajambrada" (nada é em ângulo reto), o que ele está "fuxicando"

O Que Faz a Vida... Valer a Pena

há horas?, uma voz de "bebum", que "melação" medonha, vou acabar me "danando", essa calça está toda "recauchutada"..., desistir de decifrar charadas e adivinhações, ser ingênuo às vezes e não ficar aborrecido com isso, perder as estribeiras com um grosseirão imbecil que diz sobre *O Segundo Sexo* "até que não é ruim para uma mulher" e em poucas palavras colocá-lo no seu devido e insignificante lugar, ter passeado na alameda Bodélio no tempo do seu esplendor antes da Grande Tempestade, ter conhecido um gato que pedia insistentemente para sair quando uma jovem tirava o violino do estojo..., ter dado gargalhadas ao ver o pai imitando o gorila e depois ter gritado de medo ao ver a cena de abertura de *A Máscara do Demônio* de Mario Bava e ter tido pesadelos por muito tempo por causa do *Lobo de Malveneurs*, rir "a bandeiras despregadas" ou "chorar como um bezerro desmamado", sozinho, por causa de algumas velhas recordações, sentir-se serenamente em casa num quarto de hospital, ter tido catapora e as mãos amarradas para não se coçar, ter tomado conta das vacas enquanto confeccionava rosários, ter passeado nas costas de um pastor-alemão, ter dado varetadas nos galos que, aos olhos de uma criança, atacavam as galinhas pulando em cima delas, lamentar nunca ter assistido a um parto nem a outras parições a não ser a da sua gata Julieta, ter almoçado na casa de parentes distantes, lá do interiorzão, e comido excelentes embutidos caseiros, depois um cozido completo, com tudo a que se tem direito, típico da região, depois pombos com ervilhas, depois um guisado de lebre ("era uma lebre que eu conhecia", dizia o primo que a havia apanhado), depois um vitelo assado ("do próprio açougueiro"), acompanhado de batatinhas noisettes salteadas no óleo de nozes e de grandes feijões brancos, depois salada verde e queijo de cabra feito em casa e, para fechar, peras ao vinho com biscoitos e torta de maçã (ufa!) com café e aguardente da região, emergir,

O Que Faz a Vida... Valer a Pena

extenuado mas feliz, de uma longa doença que virou sua vida ao avesso, e dizer a si mesmo que o tempo deve estar bonito lá fora, ter tentado acalmar uma pessoa apavorada que chamava sem parar a enfermeira da madrugada, sentir-se levado por uma onda possante e ritmada e esquecer a finitude, ir tateando em busca de uma lanterna (que irá se recusar a funcionar), lembrar-se, décadas depois, de um simples vestido de organdi que espetava, hesitar em enfiar a mão embaixo de uma pedra depois de assistir a *O Tesouro de Sierra Madre* e em jogar, displicentemente, na cesta de lixo da rua, um envelope com o seu nome e endereço depois de ter lido Patricia Highsmith, pensar, ao acaso, por que não fomos contemporâneos de pessoas que gostaríamos de ter conhecido, dizer a si mesmo que um leão com uma farpa na pata ou espinhos de porco-espinho no focinho deve se sentir frágil como um gatinho, ouvir a própria voz num alto-falante, gostar da atmosfera dos cemitérios das cidades pequenas no Dia de Finados, ver o Frankenstein em pessoa – na verdade, o coveiro – sair ao crepúsculo de um cemiteriozinho empoleirado no alto do morro, ter cuidado de uma ninhada de gatinhos e de numerosos leitõezinhos que mamavam numa cabra, lembrar-se dos passeios sem destino por ruas lindíssimas, perguntar-se, inquieto, o que teria feito em circunstâncias que lhe foram poupadas..., travar uma luta inglória contra as rodas de carrinhos e porta-soros, detestar a resistência dos objetos inertes, avaliar a diferença na percepção do passado entre as suas próprias lembranças e as do seu irmão e da sua irmã, do seu marido e da sua filha, surpreender-se com a capacidade de adaptação da espécie humana, ferver por dentro diante da estupidez feliz, da ignorância, do convencimento, da covardia ou da maldade de certas pessoas, recusar-se a falar em tatibitate, enrubescer por causa da própria pronúncia do inglês, imaginar as pessoas pelas suas vozes, lamentar os astros do cinema mudo

O Que Faz a Vida... Valer a Pena

que, como John Gilbert, tinham uma voz de falsete e que desapareceram de repente, gostar de vozes graves ou hesitantes ou bem-postadas ou veladas ou calorosas ou risonhas ou suaves e conceder um físico e uma idade eterna a cada uma delas, saborear, ao falar, a fresquíssima "cintilante" ou a travessa "algazarra" ou a sombria "grotesco" ou a macabra "rabecão" ou a ênfase de "cordiais saudações" ou a simplicidade de "Nós, o povo..." ou a pesarosa "mágoa" ou a fulgurante "perspicácia"..., passear pela Itália num 147 amarelo conversível, reagir no momento certo, escancarar as cortinas e as janelas para criar correntes de ar, sentir arrepios e ter a impressão de "se ter resfriado", assustar-se quando as portas batem, ver os lençóis que secam, esvoaçantes, ao ar livre, admirar belas glicínias adornando mansões, ficar contente ao encontrar em todos os lugares, ou quase todos, o novo padrão do mobiliário urbano da sua cidade, achar bonitos os geradores eólicos, esses grandes pássaros que, no entanto, ameaçam as aves, ser fundamentalmente, radicalmente, tranquilamente feliz por ser do seu sexo, mas também imaginar-se como seria se tivesse nascido do sexo oposto, encontrar, um dia, depois de meses de ausência, um ninho de ratos embaixo da cama, enxotar os gambás do forro do teto, assistir impotente ao ataque dos corvos a um ninho de corujas, instalar grandes pratos de comida e de sementes para os pássaros nas árvores no inverno e encontrá-los vazios na primavera, sobreviver aos ventos alísios do Saara que ressecam os lábios e queimam os pulmões, compartilhar da alegria infantil de dançar sob as primeiras chuvas quentes de verão, ver num quintal com muros de barro uma Mercedes sem rodas servir de brinquedo para os filhos do rei de Waiguiyua, em Burkina Faso, ter sido tocada pelas mãos secas e indiscretas das mulheres de uma tribo africana que queriam verificar de que sexo era aquela bizarra alienígena

O Que Faz a Vida... Valer a Pena

branca (você!), ter desejado parecer-se com a atriz francesa Simone Simon, ser muito baixotinho para o seu gosto, ficar consternado diante da opulência imbecil dos poderosos, sentir nojinho de banho de banheira, ter medo do resultado do corte de cabelo do novo cabeleireiro, sentir uma inclinação pela forma epistolar romanesca como em *A Sociedade Literária e a Torta de Casca de Batata*, ter uma predileção pelo que se murmura, se cochicha, que chega aos ouvidos como gotas de cristal escorrendo ao longo das estalactites, viver fiel às suas ideias, amigos, amores, ter grandes arroubos de entusiasmo, mas também de preocupação, cear depois do teatro e tomar uma deliciosa sopa de cebola, comer orelha de porco, detestar o ambiente das liquidações, tentar surpreender a si mesmo roncando, não caber em si de contentamento diante de uma pequena vitória no uso do seu smartphone, achar que a carteira de motorista é o certificado mais difícil que conseguimos e o mais gratificante, divertir-se com as amizades femininas, manusear com carinho delicados objetos e ter apreço por detalhes fotográficos como a menina dos olhos, engolir de uma só vez um bombom de amêndoas como recompensa por um esforço ou por uma vitória, recolher água da chuva para lavar o rosto, ter adorado descer correndo as escadas da plataforma e entrar no metrô já com a porta fechando, sapecar uma beijoca no focinho de um gato (que não ficou nada satisfeito), marcar um encontro com alguém que se ama lá onde Judas perdeu as botas, mas num ponto bem específico, e descobrir que o lugar já não existe mais e, mesmo tendo esquecido o celular, conseguir se encontrar, fazer uma lista de todos os lugares insólitos onde se dormiu por ocasião de uma viagem, sair, ao menos uma vez por mês, para descobrir, a dois, novos lugares, tentar acompanhar uma conversa numa língua estrangeira da qual emergem aqui e acolá palavras no seu idioma, gostar

O Que Faz a Vida... Valer a Pena

de habitações pré-históricas, onde quer que se situem, não gostar das vozes subliminares do aeroporto, descer triunfante com uma calça cor-de-rosa uma rua ensolarada numa bela manhã de primavera, ter ondas de alegria como temos ondas de calor, descascar alho e passar o resto do dia sentindo o cheiro na ponta dos dedos, falar para alguém cujo rosto escolhemos no meio do auditório, preocupar-se mortalmente com o atraso prolongado daqueles que amamos, arregaçar as mangas tanto no sentido literal quanto no figurado, voar de balão, devolver uma bola que sem querer acertou você ("a bola procura o craque!"), observar um ovo contra a luz, descascar castanhas, deleitar-se com as complicadas genealogias de modernas famílias plurais, gostar de marionetes, ser louco pelo *West Coast Jazz* e por Bix Beiderbecke, "o rapaz do trompete", perder-se em pensamentos na profundidade das altas igrejas brancas de Saenredam, ser cativado pelas tintas de consistência espessa dos lírios violetas de Van Gogh, ter jantado no prestigioso três estrelas dos Troisgros, em Roanne, na época em que eram os três que tocavam o restaurante, comer alcaçuz, cozido de sorgo ao molho com folhas frescas de baobá, encontrar um erro tipográfico na quarta prova de revisão, ler relatos sobre avalanches, sentar sem fazer nada com as mãos caídas ao longo do corpo e os olhos no vazio, ser sensível à beleza dos guindastes ou dos parques industriais abandonados e das estradas desativadas, detestar-se por falar rápido demais ou por querer terminar as frases daqueles que se expressam devagar, repensar o antropólogo marfinense Harris Memel-Fotê, lembrar-se de haver chorado ao ler *Sem Família*, guardar boas lembranças dos cachorros da infância, ter vibrado com os precisos lançamentos de 40 metros quando o futebol era um jogo verdadeiramente ofensivo, ter morado por longos períodos num casebre de adobe africano, ter comprado pratos rústicos no

O Que Faz a Vida... Valer a Pena

mercado de Cambridge, apreciar devidamente os assobios maldosos de Agnes Moorehead antes de ela passar pela janela, ver com o canto do olho um camundongo atravessar furtivamente a cozinha, ter bordejado de faluca pelo Nilo e visto os esforços de salvamento dos templos de Filae, lembrar-se da feiura de um peixe enorme, denominado xarroco, no porto de Marettimo e dessa temporada como um momento de graça, ter sentido a Terra afundar no espaço, sob o corpo, deitado num campo de margaridas, ter comido *beignets* de flor de abobrinha, waffles em forma de coração feitos em série numa fôrma preta de ferro fundido ajustável aos queimadores dos fogões antigos, ter se controlado para não chorar nas primeiras palavras da sua aula inaugural, ter percebido a expressão sombria de Alain Cuny na aula de Claude Lévi-Strauss, ter feito com que convidassem Umberto Eco para a cátedra europeia na sua criação no Collège de France e, assim, diante da afluência, ter obrigado o ministério a constatar a ausência gritante de anfiteatros e mesmo de salas de aula dignas desse nome nessa instituição (depois recebemos Marguerite de Navarre), ter visto dos bastidores *La Nouvelle Mandragore* no Teatro de Chaillot e ter abordado o lendário Gérard Philipe, contemplar a lua brilhante, muito brilhante, num céu de nuvens luminosas, lembrar-se das grandes noites da era do jazz no Café Tournon, de Richard Wright, de Chester Himes (e de seus personagens Ed Caixão e Jones Coveiro) e de Slim, lembrar-se dos vestidos de saias amplas e cintura bem-marcada de Christian Dior do pós-guerra, de ter gostado dos filmes de François Truffaut e da voz tão característica de Delphine Seyrig, recordar-se de ter viajado de Caravelle e de ter feito três escalas para chegar ao destino, de ter esperado dois anos pela instalação do telefone, das correspondências enviadas pelo sistema de transporte pneumático, da morte de um papa dois

O Que Faz a Vida... Valer a Pena

meses depois da sua eleição, do prazer em passear pela rue de la Huchette para ir ao Maspero ou ao Caveau ouvir jazz, de ter visto Miles Davis, de todas essas coisas anódinas que se tornaram marcas de uma época, gostar das palavras, da consistência delas na boca, da sua sonoridade, ter um monte de echarpes que nunca usamos, ter herdado copos de cristal de alguém que você tanto admira, ter sido um presente surpresa de aniversário oferecido à filha por pais amorosos, ser confortado e reconfortado por cartas de desconhecidos admiradores do seu trabalho, ter conversado durante horas com um deles, sutil e atento, brincar de formiguinha que vai subindo, subindo... com o seu bebê que ri às gargalhadas, ter visto as procissões de Corpus Christi com lençóis na janela e pétalas de rosas nas cestas, ter tido uma prima que ordenhava as vacas manualmente com um pregador de roupa no nariz, chupar pastilhas Vichy ou comer bombons de anis ou pastilhas dos Vosges em belas caixas, ver os bebês se desenvolverem e os velhos encolherem, divertir-se em falar em alexandrinos, desfrutar a "doçura angevina"*, ter-se hospedado em cima da estação Montparnasse e em frente ao navio de *Amarcord* com todas as janelas iluminadas, dar carinho, ser siderado pelo erotismo de *Queen Kelly*, pelas renúncias impressionantes de Daniel Day-Lewis em *A Época da Inocência*, admirar tanto o preciosismo de David Suchet em Hercule Poirot quanto o jeitão "bugre" de Lino Ventura ou a perversidade de Richard Widmark, rindo ironicamente, ou a doçura surpreendente de Gene Tierney em *O Fantasma Apaixonado*, derreter-se diante do ar embaraçado de Henry Fonda intimado a valsar no baile final de *Paixão dos Fortes*...

---

* Referência à qualificação nostálgica do poeta francês Joachim du Bellay, ao elogiar o clima de Anjou no soneto clássico "Les Regrets". (N.T.)

23 de setembro

... sentir-se bem no mundo austero de *Duna* e suas catedrais subterrâneas de água, ter visitado o reservatório do Parque Montsouris, ter tentado reanimar um sabiá morto ao bater no vidro de uma janela e ter observado o desespero de seu parceiro que voltou ao local por vários dias, consertar móveis velhos, pintar uma grande sala com a ajuda de parentes e amigos, ter-se sentido à vontade na grande e delicada mesquita de Córdoba, admirar os imensos touros negros recortados na paisagem ao longo das estradas espanholas, montar um buquê com as perigosas dedaleiras, ter assistido congelado e encharcado ao bicentenário da Revolução Francesa nos estrados da Praça da

Concórdia com o vento jogando a água das fontes sobre os convidados, ter discursado ao lado do Presidente, sensibilizar-se com a graça das igrejinhas interioranas, recusar-se a provar pepinos ao creme, em geral com chantilly, adorar as fanfarras municipais e assistir aos filhos nos espetáculos escolares de fim de ano, ter assistido ao belo toureiro Luis Miguel Dominguín em ação nos seus dias de glória, ter visto pessoas fortes chorarem copiosamente ao saber da morte de Foucault, ter dormido num fardo de feno que espetava, ter presenciado o almoço de Natal oferecido pelo prefeito de uma cidadezinha, dono de um café, e sua esposa, a um grupo de sem-teto, ter tido ao seu lado interlocutores magníficos, ter erguido, com sentimentos bem confusos, uma velha senhora que suplicava de joelhos para que cuidassem do bebê da sua filha morta no parto (o que foi feito)..., ter rodado em estradas africanas famosas pelas "costelas de vaca" que desconjuntavam

O Que Faz a Vida... Valer a Pena

os carros quando não se mantinha a velocidade
certa, e ter seguido pelas estreitas veredas que fa-
ziam com que as rodas da bicicleta ziguezagueas-
sem em torno de obstáculos naturais numa terra
poeirenta, ter tido a certeza (erradamente) da
morte iminente, esforçar-se para escrever de maneira legível, sonhar com um belo smoking Yves
Saint Laurent ou com um vestido sublime visto
numa vitrine, ficar perplexo a respeito do tema
de uma tese sobre a "capacidade aderente dos pelos das patas dianteiras de uma aranha de Mada-
gascar", extasiar-se diante do King Kong louco
de amor, mas perguntar-se como conseguiram
colocá-lo no porão do navio, ficar cuspindo caro-
ços de uva ou de laranja ou de maçã ou de tange-
rina ou de melancia (de abacate, não!), ir direto ao
assunto principal, recortar com exatidão uma figura complicada, pôr um ponto final num texto,
ver uma lanchonete de beira de estrada, sempre
vazia, resistir ao tempo, rir daquele sotaque bem

caipira, lembrar-se, achando graça, de ter tido aulas de boas maneiras no colégio, de quase ter se afogado e mesmo assim morrer de rir da situação, de ter recebido o título de doutor *honoris causa*, de ter batido em dois carros parados ao sair de um estacionamento, recordar-se, com emoção, de todos os retornos a sua terra natal, de ter aprendido a se localizar na sua nova cidade, de se perder durante horas no coração da savana espinhosa e ter se orientado pelas Plêiades, de ter visto um orictéropo (Aardvark), esse animal tão estranho, de ter ficado encharcado a noite inteira embaixo de um telhado destruído pela tempestade, de beber água direto da nascente, lembrar-se com prazer de alguns encontros marcantes, exultar secretamente quando algo acontece exatamente como havíamos previsto, achar que o tempo esfriou demais e que poderíamos até vestir um casaco de lã, surpreender-se com a juventude das pessoas a sua volta e ter aulas com um(a) professor(a) de

O Que Faz a Vida... Valer a Pena

informática de 25 anos, emocionar-se porque sua mãe sempre dizia ter uma cabeça de 20 anos e seu pai não a reconhecia mais, cheirar uma flor e ficar com vontade de comer deliciosos macarons, comer cranberries num bosque e voltar com os lábios escuros, sentir a dor desaparecer lentamente quando a morfina penetra o corpo, ser louco pelos romances históricos de Robert Graves, ambientados na Grécia, ter passado a vida em instituições de ensino, primeiro como aluno, depois como professor, ter passado fome em tempos de guerra, com uma bisnaga e um café por dia e, grato, ter jantado uma noite na casa dos pais de uma amiga, riquíssimos comerciantes de diamantes, ir ao Teatro Odéon e, depois, jantar no Petit-Suisse, inaugurado em 1791 no cruzamento Corneille-Vaugirard, ter sido pedida em casamento em Djerba por um nativo seduzido pelo vestido fechado até em cima, encontrar um táxi para Germaine Dieterlen, a genial etnóloga, ter cumprimentado o *hogon*, maior autoridade dos dogons, em frente à alta fachada da sua cabana com anfractuosidades regulares preenchidas com cabeças de animais, ter admirado, durante horas, os detalhes minuciosos das plantas em relevo das cidades do norte da África, então expostas no museu das Colônias no palácio da Porte Dorée, ter feito uma boa amizade durante um cruzeiro, ter montado num dromedário, gostar das balas de goma sírias (lokum) e de pâtisseries ao mel, ouvir os gritos dos corvos no Museu do Índio de Ottawa, ainda rir ao se recordar de um gatinho à beira de uma estrada togolesa que comia vorazmente, com o pelo eriçado, pedaços de carne apimentada, lembrar-se das andorinhas no céu parisiense e da quermesse que ia de Clichy até Monceau, saborear um pão de mel artesanal recém-preparado, sucumbir diante de speculoos, o biscoito belga, entrar numa casa que cheira a torta de maçã com canela...

10 de outubro

... ter pedido informações sobre o caminho a seguir numa noite chuvosa de inverno, na saída deserta do metrô, a três punks de moicano vermelho e coturno, que discutiam debaixo de uma marquise, e ter sido acompanhada por três jovens atenciosos e educados até a porta do seu destino: "Não há de quê, senhora, até porque a senhora não teria encontrado sozinha e, além do mais, a esta hora da noite, nunca se sabe...", ter rodado em alta velocidade num luxuoso Facel-Vega, com estofamento de couro caramelo e que cheirava a mel, numa autoestrada deserta e recém-inaugurada, ter posto vinho no caldo verde para, quem sabe, criar uma nova receita, ter comido durante a guerra queijo de Savoia, ter distribuído copos d'água, com a irmã de 9 anos, aos soldados que iam ou voltavam do combate, lembrar-se do aniversário de 15 anos e do vestido branco, rodado, com grossos poás verdes e uma gola grande, de um vestido usado anos e anos depois, de *faille* vermelho com um corpete justo, uma saia evasê e duas abas de organdi branco nos ombros, e também de um vestido curto de renda preta e grossa, justíssimo e com decote quadrado, e ainda de um vestido de veludo bege com um colete de espigas de milho castanho-dourado, fechado por um cadarço, um cinto grosso de couro preto que formava um corpete e de um par de sapatos, para dançar, de um violeta vivo com saltos altos prateados, sentir sempre um nervosismo diante da profundidade dos grandes e pesados armários borgonheses forrados de tecido com reflexos brilhantes de um verde escuríssimo, e achar que, se neles entrássemos, poderíamos ser engolidos pelas

O Que Faz a Vida... Valer a Pena

trevas ou emergir numa luz forte, surpreender-se ao ouvir internamente a voz de algumas pessoas que já morreram, mas não de todas, não mesmo, e não saber por que ouvimos essas especificamente, brincar com os dedos, ter a sensação de ser como uma pedra fechada em si mesma e sentir-se sólido em momentos de pânico, desconforto ou fortes emoções, bater numa porta de madeira alta, imponente, com uma aldraba de cobre, fechar os olhos para melhor ouvir o ruído do vento nos altos álamos e sentir o sopro no rosto, detestar franja nos olhos ou passar batom ou o pescoço envolvido em cachecóis apertados ou carregar uma bolsa no antebraço ou lingerie cor da pele ou uma roupa muito justa e que "pega" embaixo do braço, pedir uma moeda para não cortar a amizade quando se dá uma faca de presente, apreciar as tiradas espirituosas, as piadas e até os gracejos e a ironia, mas detestar o sarcasmo, detectar, por instinto, o insólito, o incongruente, a discordância, o lampejo do bizarro que passa como um raio e, também, o movimento cheio de graça, o belo gesticular das mãos, a maneira ágil de se levantar de uma poltrona, saber que refletir faz o tempo passar depressa e que poderemos sair confusos dessa reflexão, gostar do queixo pontudo de Gloria Grahame, do seu olhar faiscante e do seu riso em cascata, ter medo de areia movediça, de escorregar na lama ou de torcer o tornozelo e cair estatelado no chão ou de sair de algum lugar de costas ou dos degraus íngremes e estreitos das pirâmides do México, ter preparado suntuosos buquês de hortênsias, responder com um sorriso à silenciosa pergunta de todos os bebezinhos: "Quem és tu, cara de tatu?".

Como o senhor pode constatar, meu caríssimo Jean-Charles, não se trata aqui de altas especulações metafísicas nem de reflexões profundíssimas sobre a vaidade da existência tampouco da intimidade picante de alguém. Trata-se, pura e simplesmente, da maneira de fazer de cada episódio da sua vida um tesouro de beleza e graça, que aumenta sem parar, sozinho, e que nos renova a cada dia. Nada disso é, realmente, uma coisa do outro mundo, não é mesmo? Certamente, existem nessa barafunda heteróclita sentimentos, sensações, emoções e felicidades que o senhor experimentou e que sentirá sempre. E, com certeza, o senhor tem provisões de lembranças próprias que apenas pedem para ressurgir com o intuito de lhe fazer companhia e apoiá-lo nos atos futuros. Aprendi a conhecê-las pelo que elas são: as saborosas referências da nossa VIDA. A partir daí, ela se torna bem mais rica e interessante do que pensávamos. E, sobretudo, diga a si mesmo, em alto e bom som, que nada disso lhe poderá ser tirado, nunca, jamais.

Virando a página

Nada disso é uma coisa do outro mundo, escrevi ao destinatário desta carta. Sim, mas, no entanto, é de primeira necessidade. O que sou "eu" além das definições exteriores que podem dar de mim: a aparência física, o caráter exposto em linhas gerais, as relações mantidas com o outro, as ocupações profissionais e pessoais, os laços familiares e de amizade, a reputação, os engajamentos, as vinculações a organizações –, além dessas definições, sem dúvida justas, mas também artificialmente construídas e enganosas, quem, em um sentido mais profundo, sou eu? E esse "eu", que é a nossa riqueza, é construído quando nos abrimos para o mundo – a aptidão pelo observar, a empatia com o ser vivo, a necessidade de se incorporar ao real. O "eu" não é somente aquele que pensa e que faz, mas aquele que sente e que experimenta, segundo as leis, uma energia interna subjacente, incessantemente renovada. Se fosse totalmente desprovido de curiosidade, de empatia, de desejo, da capacidade de sentir aflição e prazer, o que seria esse "eu" que, além do mais, pensa, fala e age?

Eu quis ir atrás da força imperceptível que nos impulsiona e que nos define. Ela depende, naturalmente, da nossa história de vida, mas não é passadista: ela é a própria essência e a justificativa, embora ignorada, de toda ação presente e futura. O "eu" não seria o que é, ou o que somos, se certos acontecimentos não houvessem ocorrido, acontecimentos esses que canalizaram o curso da sua vida e, também, se "eu" não tivesse experimentado a possibilidade de sentir aquela emoção específica, de vibrar naquela ocasião, de passar por aquela vivência com o corpo.

O Que Faz a Vida... Valer a Pena

★ ★ ★

Este livro advoga a causa de que devemos reconhecer não simplesmente uma pequena, ingênua parte da infância, mas esse grande húmus de afetos que nos alimenta, nos forja e que continua a forjar, sem cessar, os seres sensíveis que somos. Advoga que não fiquemos simplesmente obnubilados pelos objetivos a serem atingidos – construir carreira, abrir um negócio próprio, rendas a assegurar –, perdendo de vista o "eu" que está em debate. Para que saibamos que subentendido na façanha sempre renovada de viver está o motor profundo que é a curiosidade, o olhar condescendente de empatia ou de crítica, e sobretudo essencial, que o "eu" lança ao mundo à sua volta.

É preciso separar um tempo para constituir esse florilégio íntimo sensorial que, no entanto, não só pode como deve ser compartilhado, substrato fundamental da "condição humana". Quando usamos não só essa expressão, mas muitas outras (lembremo-nos do "vale de lágrimas" que, supostamente, é a vida na Terra!), sempre chegamos à experiência torturante da dor e à presença crucial da morte. Sim, mas é também essa capacidade de ter "gosto", como se diz, de ter apetite, desejo, tesão, capacidade de sentir e continuar a sentir, de ser impelido, se emocionar, se comover e comunicar tudo isso a todos que compreendem essa linguagem comum.

Esse "eu" também é feito de recordações, mas a que obedece a seleção das recordações? Ela é feita sem intervenção da vontade, e a psicanálise conhece bem as razões da necessidade de se esquecer, mesmo que nem todas as lembranças esquecidas resultem do inconsciente. O acontecimento se vai, levanta voo, mas o essencial fica gravado no corpo e ressurge com o charme

O Que Faz a Vida... Valer a Pena

furtivo de uma evocação, com o frêmito de uma
sensação, com a força surpreendentemente viva e
às vezes incompreensível de uma emoção. De
que isso depende a não ser dessa voz interior
ardente, desse dínamo vital que nem mesmo
sabíamos ter elaborado com o passar do tempo?
A recordação não existe mais, porém a memória
sensorial do corpo continua a falar. Somos um
tecido munido de sensores que registram marcas
tenazes que nos servem de tutores para tomar-
mos nosso rumo. Recordações demais nos dei-
xariam paralisados. Restam os protótipos daquilo
que, de fato, nos afetou no grande registro das
emoções possíveis.

Proust não pensava muito diferente. No entanto,
não é o sabor da madeleine que faz a lembrança
ressuscitar. É a excitação dos sentidos que lembra
a mesma emoção sensorial da infância causada
por um cerimonial em que tudo – a atmosfera

confinada, o caráter excepcional do acontecimento, a hora, a figura da tia, o chá, a madeleine –
ia, como uma flecha bem atirada, cravar-se para
sempre no odor suave e ligeiramente insípido da
pâtisserie, isto é, nas sensações sentidas então, que
talvez fossem, para aquela *criança*, as mais capazes
de condensar a perpétua vitalidade do todo.

De alguma forma, o sensualismo de Condillac
assume, em cada um de nós, todo o seu sentido.
O mundo existe por meio dos nossos sentidos,
antes de existir de maneira ordenada no nosso
pensamento, e temos de fazer de tudo para conservar, ao longo da vida, essa faculdade criadora
dos sentidos: ver, ouvir, observar, entender, tocar,
admirar, acariciar, sentir, cheirar, saborear, ter
"gosto" por tudo, por todos, pelo próximo, enfim,
pela VIDA.

Algumas referências

Filmes e séries

Alien – O Oitavo Passageiro, Ridley Scott, 1979.

Ally McBeal, série de David E. Kelley.

Amarcord, Federico Fellini, 1974.

O Beijo da Morte, Henry Hathaway, 1947
(Richard Widmark).

Conspiração do Silêncio, John Sturges, 1955
(Spencer Tracy).

Documentário sobre animais da série *Crônicas da
África Selvagem* (guepardo moribundo).

Duna, David Lynch, 1984.

E o Vento Levou, Victor Fleming, 1939.

Entre Dois Amores, Sydney Pollack, 1985.

A Época da Inocência, Martin Scorsese, 1993.

O Fantasma Apaixonado, Joseph L. Mankiewicz,
1947 (Gene Tierney).

Frankenstein, James Whale, 1931.

Gilbert Grape, Aprendiz de um Sonhador,
Lasse Hallström, 1993 (Leonardo DiCaprio).

Hercule Poirot, série policial britânica
(David Suchet).

House, série americana de David Shore.

O Incrível Homem que Encolheu, Jack Arnold, 1957.

Inspetor Morse, série britânica de Colin Dexter.

King Kong, Merian C. Cooper e Ernest B.
Schoedsack, 1933.

Le Loup des Malveneurs, Guillaume Radot, 1943.

Marinheiro por Descuido, Buster Keaton e Donald
Crisp, 1924 (Buster Keaton).

A Morte num Beijo, Robert Aldrich, 1955.

NCIS Investigações Criminais, série americana de
Donald P. Bellisario e Don McGill.

Paixão dos Fortes, John Ford, 1946 (Henry Fonda).

Pele de Asno, Jacques Demy, 1970.

O Que Faz a Vida... Valer a Pena

Prisioneiro do Passado, Delmer Daves, 1947 (Agnes Moorehead).

Queen Kelly, Erich von Stroheim, 1928.

Sem Motivo Aparente, Philippe Labro, 1971 (Jean-Louis Trintignant).

Taxi Driver, Martin Scorsese, 1976 (Robert De Niro).

O Tesouro de Sierra Madre, John Huston, 1948.

O Urso, Jean-Jacques Annaud, 1988 (Tchéky Karyo).

Vendaval na Jamaica, Alexander Mackendrick, 1965.

Os Vivos e os Mortos, John Huston, 1987.

Outras referências

Cahiers du Cinéma, revista criada em 1951 por André Bazin, Jacques Doniol-Valcroze e Joseph-Marie Lo Duca.

Dorothy Baker, *Young Man with a Horn*, 1938 (Bix Beiderbecke, 1903-1931).

Frank Herbert, *Duna*, 1965.

Franz Schubert, *Viagem de Inverno*, interpretada por Laurent Naouri, num concerto em Muzillac (2011).

Hector Malot, *Sem Família*, 1981.

Jean Cocteau, *A Águia de Duas Cabeças*, 1947.

Jean Vauthier, *La Nouvelle Mandragore*, baseada em *A Mandrágora*, de Nicolau Maquiavel, encenada por Gérard Philipe em 1952 no Théâtre National Populaire.

Mary Ann Shaffer, *A Sociedade Literária e a Torta de Casca de Batata*, 2009.

Patricia Highsmith, *Resgate de um Cão*, 1972.

Pieter Jansz Saenredam, pintor flamengo, (1597-1665).

Simone de Beauvoir, *O Segundo Sexo*, 1949.

Para você, o que representa
O SAL DA VIDA?

Papel: Pólen soft 80g
Tipo: Bembo
www.editoravalentina.com.br